VISITE DU CONSEIL
DE
L'ORDRE DES AVOCATS

Près la Cour d'Appel de Dijon

A M. LE PREMIER PRÉSIDENT CANTEL

A la fin de l'année judiciaire

1882 - 1883

Le vendredi 24 août 1883, les membres du Conseil de l'ordre présents à Dijon, se sont rendus dans le cabinet de M. le premier président Cantel. M. Ally, bâtonnier de l'ordre, a adressé à M. le premier président les paroles suivantes :

MONSIEUR LE PREMIER PRÉSIDENT,

Nous venons, avant que les vacances ne nous aient complètement dispersés, vous faire notre visite de fin d'année.

Qu'il me soit permis, à cette occasion, de dire, en ma qualité d'ancien de notre ordre, que le Barreau s'est profondément ému des modifications qui doivent être apportées à notre organisation judiciaire.

Je n'ai point à apprécier la loi qui les a préparées.

La démarche que nous faisons auprès de vous, — uniquement inspirée par la respectueuse affection que nous vous portons — a lieu en dehors de toute préoccupation politique.

Je sais, à cet égard, la réserve que les convenances m'imposent.

Puis-je oublier d'ailleurs, que je parle à un magistrat, héritier des grandes traditions judiciaires, qui toujours a mis son suprême honneur à écarter la politique du prétoire, et à rester, en toutes circonstances, le serviteur courageux et impassible de la loi ?

Mais la réduction opérée sur les sièges de notre Cour nous touche personnellement, puisqu'elle entraîne la mise à la retraite de magistrats, que nous estimons et que nous aimons.

C'est avec un sentiment de douloureuse

tristesse, que nous les verrons s'éloigner du Palais. Leurs lumières et leur nombre augmentaient la solennité de nos débats, et fortifiaient la confiance des plaideurs.

Puissent-ils, ceux qui nous quitteront, laisser, avec leur souvenir, les traditions de science profonde, de travail, d'indépendance et de scrupuleuse impartialité, qui font la grandeur et la force de la magistrature française, sans lesquelles celle-ci ne pourrait vivre ! Car, le jour où elle les oublierait, la justice ne mériterait plus son nom !

Monsieur le premier président a répondu en ces termes :

Messieurs, je suis profondément touché de votre visite et des paroles si affectueuses que M. le bâtonnier vient de m'adresser en votre nom. Pour mes collègues et pour moi, je vous en remercie.

Les circonstances au milieu desquelles s'achève l'année judiciaire jettent sur notre séparation une douloureuse tristesse. Autrefois nous nous disions : au revoir ; aujourd'hui ces mots expirent sur nos lèvres, car nous voyons se dresser devant nous un point d'interrogation menaçant.

Les noms de ceux d'entre nous qui ne remonteront plus sur leurs sièges ne sont point encore officiellement connus. Il serait téméraire de les pressentir et peu convenable de les signaler d'avance. Mais, quel que soit le sort réservé à chacun de ses membres, on peut affirmer que la magistrature française est frappée au cœur. L'heure présente marque pour elle la fin d'une des périodes de son histoire et le commencement d'une autre.

Que sera cette phase nouvelle qu'on va inaugurer dans quelques mois? Ce n'est ici ni le temps, ni le lieu de le rechercher. Je ne veux point vous parler de l'avenir de la magistrature, mais seulement de ce passé qui nous est commun, de ces années que nous venons de traverser ensemble, travaillant de concert, chacun à notre place, et dans la mesure de nos forces, à cette œuvre si haute, si belle et parfois si difficile de la justice.

Vous êtes nos témoins et nous sommes les vôtres.

Il n'est aucun détail de notre vie judiciaire qui ne se passe sous vos yeux, et vous savez que si nous ne sommes point à l'abri de l'erreur, il est une chose qui jamais ne nous a fait défaut, c'est la volonté d'être juste.

Si c'est pour séparer la justice de la politique qu'on nous fait descendre de nos sièges, on commet une cruelle méprise, car, vous venez de le dire, M. le bâtonnier, et j'ai recueilli vos paroles avec une légitime fierté, la justice, entre nos mains, a toujours été pure de tout alliage, étrangère aux passions qui s'agitent dans les assemblées politiques, — ni royaliste, ni républicaine, — mais tout simplement et en un seul mot, la justice.

Et maintenant, Messieurs, laissez-moi vous parler un peu de vous qui n'êtes pas seulement le passé, mais aussi l'avenir.

Il y aura, dans dix ans, deux siècles, d'Aguesseau disait déjà de votre ordre, qu'il était aussi ancien que la magistrature, aussi noble que la vertu, aussi nécessaire que la justice. — Ce que vous étiez il y a deux cents ans, vous l'êtes encore aujourd'hui, et, s'il plaît à Dieu, vous le serez demain.

De toutes les institutions de notre ancienne France, de cette France d'autrefois qui a eu ses misères et ses souffrances, mais aussi ses grandeurs et ses gloires, une seule reste debout : c'est la vôtre. Vous seuls représentez, dans notre société si mobile et si troublée, cette heureuse alliance du passé et du présent, de la tradition et du progrès, de la règle et de la liberté qui font la force des grands peuples.

Tant que vous resterez ce que vous êtes, tant que votre voix pourra s'élever libre et indépendante dans le prétoire, il ne faudra pas désespérer de la justice.

Je puis attester, et la Cour tout entière s'associe à mon témoignage, que nulle part mieux qu'à Dijon ne sont maintenues les vieilles et nobles traditions de votre ordre; nulle part ne s'affirme, plus intime et plus ferme, cette union entre la magistrature et le barreau, qui, des deux, ne fait qu'une seule famille.

Nous l'avons bien vu, il y a peu de mois, en ce jour de deuil où l'un des plus grands et des meilleurs d'entre vous était emporté vers sa dernière demeure. Ce jour-là vous avez voulu qu'en tête du funèbre cortège le chef de la Cour prît place à côté du chef de votre ordre.

Aujourd'hui c'est le deuil de la magistrature qui s'ouvre et nous nous trouvons encore réunis dans une commune douleur.

Merci encore une fois, Messieurs, merci et adieu ; — et si cet adieu que nous nous disons à la veille des vacances doit se prolonger au delà de la rentrée ; si, lorsque vous reprendrez vos travaux, il ne nous est pas donné de reprendre les nôtres, il nous restera le souvenir de ceux que nous avons accomplis ensemble jusqu'à ce jour ; il nous restera surtout, vivants et impérissables, ces sentiments d'affection et d'estime réciproques dont nous échangeons en ce moment l'assurance.

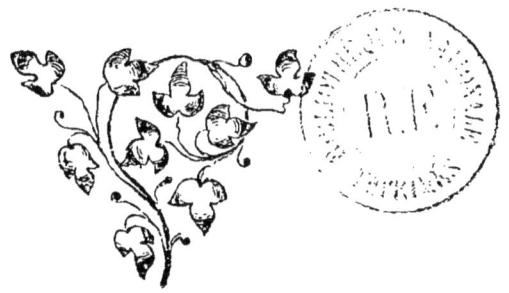

DIJON, IMPRIMERIE DARANTIERE
Rue Chabot-Charny, 65

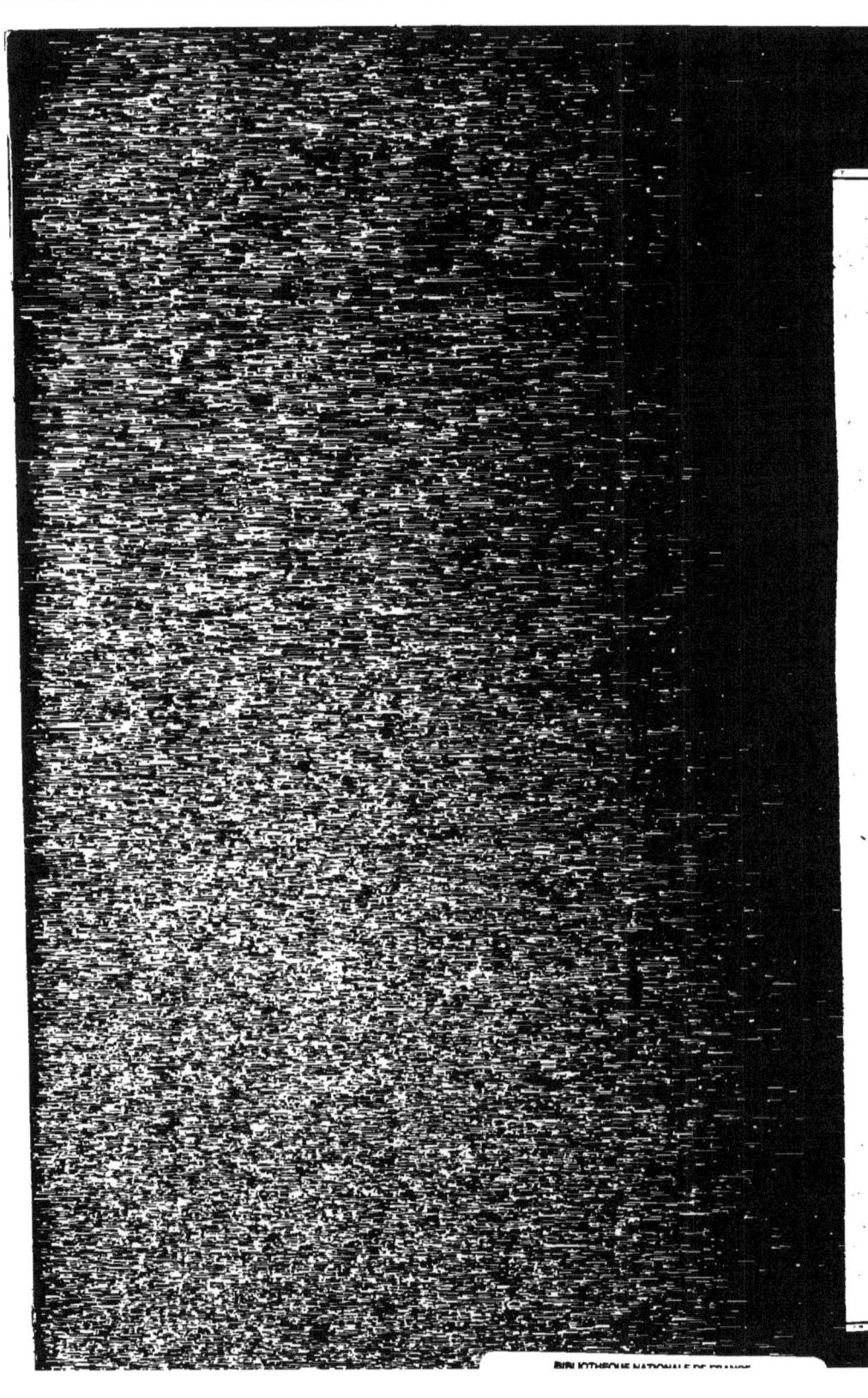

www.ingramcontent.com/pod-product-compliance
Lightning Source LLC
Chambersburg PA
CBHW071438060426
42450CB00009BA/2239